Charles Yriarte

Sigismond Malatesta

Un Condottière Italien au XVe siècle

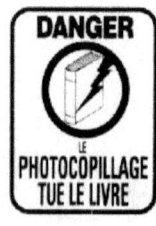 Le code de la propriété intellectuelle du 1er juillet 1992 interdit en effet expressément la photocopie à usage collectif sans autorisation des ayants droit. Or, cette pratique s'est généralisée dans les établissements d'enseignement supérieur, provoquant une baisse brutale des achats de livres et de revues, au point que la possibilité même pour les auteurs de créer des œuvres nouvelles et de les faire éditer correctement est aujourd'hui menacée. En application de la loi du 11 mars 1957, il est interdit de reproduire intégralement ou partiellement le présent ouvrage, sur quelque support que ce soit, sans autorisation de l'Éditeur ou du Centre Français d'Exploitation du Droit de Copie , 20, rue Grands Augustins, 75006 Paris.

ISBN : 978-1978104242

10 9 8 7 6 5 4 3 2 1

Charles Yriarte

Sigismond Malatesta

Un Condottière Italien au XVe siècle

Table de Matières

Sigismond Malatesta 6

Notes 39

Sigismond Malatesta

Le grand mouvement de transformation politique de la fin du XIVe siècle, qui mit un terme à l'existence des communes et aboutit à la constitution des monarchies italiennes, est dû en grande partie aux capitaines d'aventure désignés dans l'histoire sous le nom de *condottieri*. N'ayant d'abord pour tout droit que leur audace et pour tout bien que leur épée, ils groupèrent autour d'eux quelques exilés et mercenaires dont ils formèrent des compagnies ; s'étant distingués dans les luttes de partis qui divisaient alors le nord et le centre de la péninsule, les cités les appelèrent bientôt pour maintenir la paix à l'intérieur ou les défendre contre les ennemis du dehors, et ils exercèrent le commandement par délégation des communes, sous le titre de *podestats, capitaines du peuple*, ou *conservateurs de la paix*. Mais, dès leur première victoire, la plupart d'entre eux, trahissant les intérêts de ceux qui les avaient appelés, confisquèrent à leur profit les libertés publiques.

Parmi ces aventuriers, les uns devinrent de véritables souverains et fondèrent des dynasties qui ont régné pendant plusieurs siècles sur de vastes territoires ; les autres continuèrent à servir ceux qui les payaient le mieux, comme capitaines à la solde, et tous les états de l'Italie se disputaient leur épée, qu'ils mettaient aux enchères. Les Castracani, les Scaliger, les Sforza, les Montefeltre, les Gonzague et les Malatesta sont les plus illustres parmi ceux qui ont ceint la couronne ; les Acuto, les Dal Verme, les Barbiani, Terzo, Carmagnola, Piccinnino, Gattamelata et Golieone, sont les plus fameux parmi ceux qui restèrent de simples capitaines. Souverains ou condottieri, tous ont la même origine ; leur génie seul diffère, et surtout les occasions que les circonstances et le temps leur ont offertes.

Tour à tour, suivant l'intérêt du moment, la tradition de leur famille ou celle de la région où ils s'étaient implantés, on vit ces soldats qui venaient d'échanger leur nom de capitaines contre celui de seigneurs, demander au Saint-Siège et à l'empire la consécration de ce droit usurpé ; dès lors ils ajoutèrent à leur titre celui de « vicaires du Saint-Siège » ou de « vicaires de l'empire. » Si leurs destinées furent brillantes, leurs trônes furent fragiles, et on peut se faire une idée de leur caducité en même temps qu'on aura la preuve de la duplicité de tous ces capitaines, si on assiste à la mort de Jean-Galeas Visconti, le plus grand d'entre eux.

Né condottiere, ayant rêvé, vers la fin du XIVe siècle, la reconstitution du royaume lombard, il était devenu souverain de tout le pays depuis les Alpes jusqu'à l'Adriatique, sauf Padoue, Modène, Mantoue et le territoire de la Sérénissime. Dans son armée, la plus grande qu'on eût vue jusqu'alors, il comptait pour capitaines les plus grands noms militaires de son temps : Alberico du Barbiano, le grand-connétable du roi de Naples, Jacopo dal Verme, le vainqueur d'Armagnac, Ugolotto, Biancardo, les deux Porro, Ottobuono Terzo, Galeas de Mantoue, Carlo et Pandolfo Malatesta, Gabrino Fondulo et Facino Cane, l'époux de Béatrice di Tenda. Jamais, depuis Barberousse l'Italie n'avait vu plus grand pouvoir concentré dans la main d'un seul homme. En 1402, aux premiers jours de ce XVe siècle qui devait être l'époque brillante des seigneuries, Jean Galeas meurt : sa succession semble assurée ; son fils Giovanni aura le domaine de Milan, Filippo-Maria aura celui de Pavie. Cependant, sa cendre à peine refroidie, toutes les factions qu'il a domptées se relèvent et secouent le joug, et le même jour voit se former des factions nouvelles. Les Rossi, ligués entre eux, arrivent jusque sous les murs de Parme ; les guelfes chassent les gibelins de Crémone et les Ugo Cavalcabo s'y font acclamer ; les Sacchi entrent à Bellinzona, les Rusconi occupent Côme et les bords du lac, les Soardi s'emparent de Bergame pendant que les Scotti et les Anguissola pénètrent dans Florence. La dissension est partout : à Lodi, on brûle les Vistarini dans leur palais, les Scaliger profitent du trouble pour rentrer dans Vérone ; Sienne et Alessandria revendiquent leur indépendance et chassent les représentants du Milanais. A Brescia, le sang coule dans les rues, et, sur les étaux du marché, on vend de la chair humaine, pendant qu'à Milan, sous les yeux du jeune duc Giovanni-Maria, on égorge l'abbé de Saint-Ambroise. Que font donc ces illustres capitaines auxquels Jean Galeas a confié la conduite de ses troupes ? Tous ont trahi, à part ce fidèle Jacopo dal Verme, type d'honneur et de loyauté. Revenus à leurs premiers instincts, ils tiennent la campagne et ils pillent ; Facino Cane ravage Parme, Pavie, Plaisance, Crémone et Alessandria ; Barbiano passe d'abord au pape, puis se vend aux Florentins ; il violente même la veuve de son maître en la contraignant de céder Assise et Bologne au Saint-Siège. Les deux Porro tiennent la duchesse enfermée dans la forteresse et lui imposent leurs créatures. Pandolfo Malatesta a pris pour lui Monza, demain il sera à Brescia, dont il se déclarera seigneur. Terzo veut pour lui Parme et Reggio ; Giorgio Benzoni réclame Créma, et Giovanni du Vignate convoite Lodi ; quant à Gabrino Fondulo, il aspire à régner dans Crémone. Seul, intègre et fidèle, dal Verme médite de sauver la monarchie lombarde, et il marche sur Milan, d'où il chasse Facino Cane. Mais tant d'héroïsme deviendra inutile, car l'illustre capitaine ne parviendra pas à protéger le duc contre ses propres entraînements. Aussi, découragé, dal Verme ira-t-il bientôt mourir en héros en combattant contre les Turcs pour les Vénitiens. C'est un autre condottiere, le fameux Carmagnola (qui va mourir torturé par ordre du conseil des Dix), à qui reviendra l'honneur de reconstituer les états de Visconti et de sauver la couronne lombarde.

Cette fragilité des trônes est commune à tous les états fondés par les condottieri ; et elle tient à leur origine même. Formés de lambeaux qu'ils ont cousus ensemble à la pointe de l'épée, leurs territoires leur sont arrachés de leur vivant pièce à pièce, ou bien, à leur mort, tout s'effondre, et chacun de leurs officiers se taille un état dans leur domaine, à moins que le Saint-Siège ne réclame l'exercice d'un pouvoir qu'il n'a fait que déléguer par une investiture.

Entre tous ces petits états, comtés, duchés ou seigneuries, ainsi constitués sous la suzeraineté purement nominale du Saint-Siège ou celle de César, roi des Romains, l'état de Rimini eut peut-être les destinées les plus tragiques, et la dynastie qui le gouverna est, à coup sûr, la plus turbulente en même temps que la plus singulière et la plus féconde en personnages dignes de fixer la curiosité. A des qualités militaires de premier ordre, la plupart des seigneurs de cette dynastie ont joint le plus chaleureux enthousiasme pour les travaux de l'esprit, et, à l'origine même de la renaissance, on peut dire qu'ils en ont été les artisans actifs. Leur histoire reste attachante comme un roman et mouvementée comme un drame ; elle réunit à cet attrait le charme d'un mystère qui n'a pas encore été entièrement dévoile, faute de documents positifs, à cause de la dispersion des archives locales par les soldats de César Borgia et ceux du pontife Adrien IV (1527). Le plus grand de cette race, Sigismond, fils de Pandolfe (1417-1468), a légué à la postérité un des plus beaux monuments de l'Italie, le « Temple Malatestien » de Rimini, monument *humaniste*, « le plus beau de la plus belle époque de l'art, » au dire de Nardi, et, selon Perkins, dans son *Histoire de la sculpture toscane*, « l'édifice le plus intéressant de la première renaissance. » Si on considère que ce seigneur de Rimini, qui a tenu en échec Aragon et le Vatican, lutté jusqu'à sa mort contre le duc d'Urbin et conquis la Morée pour les Vénitiens, offre dans son caractère de si singuliers contrastes qu'on peut dire qu'il y a eu en lui du héros, du bandit et du mécène, on comprendra qu'il est une image fidèle de ces époques troublées des premières années du XVe siècle. A ce titre il y avait quelque raison de s'efforcer de suppléer à la dispersion des documents en fouillant la plupart des archives d'Italie pour pouvoir reconstituer cette figure historique et la replacer dans son milieu. A côté de ce portrait, dont la physionomie est singulièrement accentuée, il faudra dessiner aussi celui de sa compagne, Isotta de Rimini, « l'honneur de l'Italie, » que la numismatique, la peinture et la sculpture italiennes ont rendue légendaire. Personne jusqu'ici n'a tenté d'achever l'esquisse qu'en a tracée le célèbre Mazuchelli ; il eût fallu pour cela s'appuyer sur des documents de première main, et ils ont été détruits par les bandes de Borgia et de Sassatello, capitaines du Saint-Siège. Quelques-uns ont échappé par le plus singulier des hasards ; ils jettent un jour nouveau sur cette figure d'Isotta, d'abord maîtresse de Sigismond, plus tard sa femme et la régente de Rimini.

Les Malatesta étaient originaires de Penna Billi, dans le Montefeltre (plus tard le duché d'Urbin) ; le premier dont on ait gardé mémoire était Ugo, dont le petit-fils, Giovanni, avait reçu, dès 1150, le droit de cité à Rimini. Ce Giovanni avait eu un fils du même nom que lui, homme violent et farouche, qui avait reçu de ses contemporains le surnom de *Mala Testa* ; il allait le transmettre à toute sa race. Soldat valeureux, ce Giovanni, déjà célèbre en maintes rencontres, avait été appelé à Rimini par le podestat d'alors pour défendre la ville contre les ennemis du dehors ; il y avait fondé sa maison et pris pour femme une fille de Pietro degli Onesti ; en 1239, ayant occupé à son tour le siège de podestat, il frayait la voie à tous les siens. Le podestat de Rimini laissa deux fils : l'un, Giovanni, épousa la fille du comte de Sogliano, dont il prit le nom en continuant la race des comtes souverains de ce domaine ; l'autre fut le fameux Malatesta de Verucchio, ainsi nommé parce qu'il résidait dans le château de Verucchio, qui lui avait été donné en dot. Ce fut le premier chef guelfe des Romagnes ; il devait vivre tout un siècle et devenir le guerrier légendaire des grandes luttes engagées contre les gibelins. Dante allait le stigmatiser envers ineffaçables. Verucchio eut quatre fils : l'un Giovanni *il Sciancato* (le déhanché) fut le mari de Francesca du Polenta, connue dans l'histoire et immortalisée dans la légende sous le nom de Françoise de Rimini ; un autre était Paolo il Bello, l'amant de Françoise et la victime de son propre frère. Le troisième fut le plus célèbre : c'est ce cruel Malatestino del Occhio, le dogue altéré de sang du XVIIe chant de l'Enfer de Dante :

E il Mastin Vecchio, e il nuovo du Verucchio

Che de Montagna fece il mal governo

La dove soglion far de denti succhio.

On voit que cette race des Malatesta inspirait le poète ; il est facile de montrer, le poème à la main, quelle est la part de l'histoire et celle de l'imagination dans la conception de l'Alighieri. Dante a une façon superbe de retracer l'état historique des temps qu'il traverse. Si on considère qu'il avait trente ans le jour où le vieux Verucchio fut acclamé seigneur de Rimini, qu'il était ardemment mêlé lui-même à ces luttes dont il devait être la victime expiatoire, et qu'il finit ses jours à Ravenne, chez les Polenta, près du neveu de cette Françoise qu'il avait chantée, on ne pourra s'empêcher de reconnaître que le passage suivant du XVIIe chant de l'Enfer a toute la valeur d'un document historique. Le pêcheur, qui, d'une voix gémissante, au milieu des flammes, demande au compagnon de Virgile quel est le sort des Romagnes, est le comte Guido de Montefeltre, qui vient de fonder son pouvoir à Urbino. Dante lui répond : « Ta Romagne n'est et ne fut jamais sans guerre dans le cœur de ses tyrans ; mais au moment où j'ai quitté la terre, je n'y ai point laissé de guerre déclarée. Ravenne est ce qu'elle a longtemps été ; l'aigle des Polenta s'étend sur la ville et la couvre de ses ailes. La terre qui soutint la longue épreuve et fit un amas sanglant de corps français gémit encore sous les griffes du lion vert, et le *vieux* et le *nouveau* dogue de Verucchio, qui traitèrent si cruellement

Montagna, percent toujours de leurs dents la même proie. » Le passage est rigoureusement exact ; Gervia et Ravenne étaient en effet aux Polenta, qui portent « partie d'or et d'azur à l'aigle partie de gueules et d'argent. » La terre qui soutint longtemps la dure épreuve, c'est Forli, qui obéissait aux Ordelaffi, dont l'écusson est « coupé d'or, fascé d'or et de sinople de six pièces au lion rampant de sinople. » La lutte où les Français ont péri par centaines, c'est celle soutenue par Martin IV, un Français, né à Montpincé, qui avait appelé à lui ses compatriotes des bandes françaises pour réduire Ordelaffi. Enfin la même proie que déchirent encore les dents de Malatesta Verucchio le centenaire et celles de son fils « *il Mastin nuovo* » c'est la ville de Rimini, où ils firent périr Montagna dei Parcitade, chef des gibelins (1295). Dante ne raconte donc que ce qu'il a vu ; il habitait Forli, où, exilé, il était secrétaire d'un Ordelaffi Scarpetta ; quand il quittera la ville, il ira demander asile aux Polenta de Ravenne et il mourra à la cour de Guido en 1321.

Sans nous détourner de notre sujet, nous pouvons rechercher quelle est la part de l'imagination et celle de l'histoire dans le récit épisodique du Ve chant de l'Enfer ; celui de Paolo et de Francesca.

L'aîné des fils de Verucchio, Giovanni Sciancato, dur, cruel, difforme, d'un caractère atrabilaire provenant de sa complexion maladive, s'était, dès l'âge de vingt ans, fait un nom comme capitaine. On le regardait comme le successeur probable du centenaire à la seigneurie. Il chevauchait nuit et jour à la tête des bandes, et les plus grandes villes des Marches et des Romagnes recherchaient ses services comme podestat ou capitaine du peuple. Un jour, les Polenta de Ravenne, voisins du Verucchio, seigneur de Rimini, appelèrent ce dernier à leur secours pour résister aux factions qui divisaient la ville et menaçaient leur domination. Comme il y avait à Rimini les *Parcitade* et les *Malatesta*, et à Florence les guelfes et les gibelins, à Ravenne, les *Traversari* tenaient la tête de la faction contraire à celle des *Polenta* : Verucchio répondit à l'appel des Polenta en leur envoyant le Sciancato. Giovanni chassa les Traversari, et Françoise de Polenta, fille du seigneur de Ravenne, fut le prix de la victoire et le gage de l'alliance. Giovanni, déjà veuf, épousa Francesca en 1275, et, l'ayant surprise en flagrant délit d'adultère avec Paolo Malatesta son propre frère, il fit du même coup deux victimes.

Sigismond Malatesta

Là aussi les grandes lignes historiques de la composition de Dante restent exactes. En comparant les interprétations des premiers commentateurs de la Divine Comédie qui, plus voisins des contemporains, ont pu le mieux recueillir la tradition, voici comment se seraient déroulés les faits. Le Sciancato, occupé à guerroyer, se serait marié par procuration, et Paolo il Bello, son frère, aurait été envoyé à Ravenne pour épouser la jeune fille et la ramener à son mari. Francesca le voit ; elle le prend pour celui auquel elle doit être définitivement liée ; on fait la cérémonie des fiançailles. Plus, tard, le beau Paolo conduit Françoise en grande pompe à Rimini, et là, en face du Sciancato, abrupt, rude, difforme, et qui réclame ses droits, elle reconnaît son erreur. Boccace, lui aussi, avance qu'on a trompé la jeune fille et caché la difformité de l'époux ; la fiancée aurait été amenée de nuit dans la résidence de Malatesta, et le déhanché ayant franchi le seuil de la chambre nuptiale à la douteuse clarté d'une lampe, c'est à la lumière du jour seulement que Françoise aurait reconnu son erreur. Il est possible qu'il y ait là un effet de mise en scène ; mais, quoi qu'il en soit, l'impression première a été profonde ; Françoise a aimé son beau-frère à première vue ; plus tard, ils succomberont à leur passion, et le jour où « ils ne lurent pas davantage, » le déhanché, averti par un serviteur et venu en toute hâte de Pesaro, où il est podestat, surprend les deux amants, et dans sa fureur, il les immole dans les bras l'un de l'autre.

Ce beau Paolo a failli passer dans l'histoire pour un bellâtre qui ne connaissait que l'art d'aimer. Benvenuto da Imola, un des première commentateurs de Dante, l'a perdu de réputation ; il a dit de lui qu'il était plus amoureux des divertissements de la paix que des travaux de la guerre ; Françoise, énergique et fière (c'est ainsi que la représente la tradition qui parle par la bouche de Dante), par une conséquence qui ne manque d'analogie dans aucune histoire depuis la création du monde, aurait été séduite par l'allure de son cheval, la blancheur de son teint, et le tour galant de ses cheveux. Paolo avait évidemment ce qui plaît aux femmes, mais si pourtant on cherche sa trace dans les chroniques contemporaines, on en conclura que l'amant de Françoise était certainement une nature de condottiere, et que sa beauté, qui avait dû frapper ses contemporains, puisqu'il figure sous le nom de *Paolo il Bello* dans tous les récits du temps, n'était pas son seul privilège. Scipione Ammirato, l'historien des premiers Médicis, nous l'a montré mêlé aux choses du gouvernement et sans cesse occupé à commander les bandes de la république. En 1283, il est *capitaine du peuple* et *conservateur de la paix* à Florence) ; et ce n'est pas une nature efféminée que ces rudes Florentins du XVe siècle seraient allés chercher dans les Romagnes pour lui confier leurs compagnies de mercenaires. Le 1er février de cette même année, Paolo demande son congé et obtient *licenza di andarsene a casa*. Sa résidence habituelle, quand il n'occupe point la *podesteria* ou ne remplit point auprès de quelque état voisin son office de condottiere, c'est le *Gattolo* de Rimini, château fortifié qu'on détruira en 1445 pour construire le *Castello. Sigismondo*, qui subsiste encore. A Rimifii, il retrouve sa belle-sœur Françoise, laissée à la garde du vieux Verucchio, pendant que son mari commande à Pesaro comme podestat ; le drame va s'accomplir.

Cependant, le beau Paolo est marié, lui aussi, voilà le trait fâcheux de l'histoire et la circonstance qu'on nous avait cachée. Il est né en 1252 ; à peine nubile, il a épousé Orabile, fille du comte de Chiaggiolo ; sa femme lui a donné un fils, Uberto ; puis bientôt une fille, Margherita. Françoise, de son côté, touche à la trentaine (elle s'est mariée en 1275) ; et de son union avec le Sciancato, elle a eu une fille, Concordia. Voilà la vérité historique. Le meurtre a eu lieu très probablement à Rimini, et presque sûrement en 1285, car, à partir de cette année, on perd la trace de Paolo dans l'histoire, et c'est la date précise de la *podesteria* de Giovanni à Pesaro, ainsi qu'il résulte de l'inscription trouvée en 1856 dans la forteresse de la ville. Or nous savons par le *Tesoro* de Brunetto Latini, le maître de Dante, — qui a défini les droits, les pouvoirs et les conditions de l'office de podestat, — que la charge est annuelle, qu'il faut avoir trente ans pour l'exercer, et que, pendant tout le temps que dure cette magistrature, comme à un capitaine à son bord, il est interdit au podestat de se faire suivre de sa femme et de ses enfants [1].

Dès 1325, une bulle pontificale consacra la possession de Rimini entre les mains des Malatesta. Jusqu'alors véritables capitaines d'aventure au service des divers états, les voilà devenus seigneurs, et l'office de podestat a été le marchepied de leur ambition. Les uns règnent à Pesaro, les autres à Rimini et à Fano. Ceux qui n'ont point à attendre un héritage direct vont se frayer le chemin du pouvoir l'épée à la main, et, dès les premières années du XVe siècle, nous retrouvons parmi les capitaines de Jean Galeas les arrière-petits-fils de Veruchio le centenaire, Carlo Malatesta et Pandolfo, son frère, qui n'attendent que le jour de la mort de Visconti pour prendre la part de ses dépouilles dans cette sanglante curée du royaume lombard. Pandolfo, lui, s'est emparé de Brescia et de Bergame, et il y règne dix-sept ans ; Carlo, moins heureux, a réuni des bandes et tient la campagne ; il cherche aventure en attendant d'être engagé comme condottiere par quelque puissance. S'il chôme et n'est point occupé, malheur aux états qu'il traverse ! En 1387, les Florentins lui envoient un *orateur* pour le prier de cesser ses déprédations dans le territoire de Pérouse ; il répond sans aigreur à l'ambassadeur de la république : « Quand on a dépensé 30,000 florins à réunir de belles compagnies, il est impossible de ne pas faire quelques *razzias (scorrerie)* pour les faire vivre. » C'est un trait des mœurs du temps. Cependant, le moment venu, ces deux puissants aventuriers réclameront l'héritage paternel ; leur père Galeotto est mort légitime seigneur de Rimini ; tous deux vont y régner tour à tour et ils transmettront le pouvoir à leur fils et à leur neveu : Sigismond Malatesta, fils de Pandolfo, né à Brescia en 1417. Sigismond, fils de Pandolphe, est le plus illustre de sa race, il la personnifie tout entière, car il réunit en lui toutes les vertus et tous les vices de ses ancêtres. Avec Urbin, Alessandro Sforza, Alphonse d'Aragon et Piccinnino, il est regardé comme le plus grand homme de guerre de son temps ; et, pour l'attaque et la défense des places, dont il sait édifier les fortifications, il n'a pas de rival en Italie. Avec les premiers Médicis, Niccolo Niccoli, Gianozzo Manetti, Aragon, Frédéric de Montefeltre, Nicolas V et Pie II, Burckhart le compte parmi les initiateurs de l'humanisme. Il est peut-être, si on tient compte de l'exiguïté de son territoire, celui de tous ces capitaines qui représente le mieux les tendances d'une époque où, sous la haute culture des premiers temps de la Renaissance, apparaît encore l'homme du moyen âge avec sa rudesse native et sa violence indomptable.

La nature l'avait créé avec des sentiments farouches et une singulière énergie ; on le vit à l'âge de treize ans, un jour de rébellion, prendre l'initiative de la résistance, monter à cheval, rallier des soldats et mettre en fuite ceux qui voulaient assaillir son frère aîné. A quinze ans, à Lungarino, il remportait sa première victoire sur le duc d'Urbin. Cette précocité dans le courage et la valeur, il devait la porter dans la passion et dans le crime. Mince, de haute taille, et bien proportionné, d'une fière allure, avec les yeux petits et vifs, le teint légèrement basané et le nez aquilin, toute sa physionomie respirait l'intelligence et l'audace jointes à la ruse. Ses cheveux, qui cachaient le front, suivant la mode du temps, étaient aplatis au sommet, et, toujours comprimés par l'usage du casque, formaient autour de la tête une épaisse couronne. La dignité de son maintien imposait le respect ; son éloquence chaleureuse inspirait à ceux qui le suivaient le mépris de la mort ; et il avait le don d'entraîner les plus indécis. Ses soldats l'aimaient malgré sa sévérité, parce qu'il était juste et vivait en soldat au milieu de ses troupes, dont il partageait toutes les souffrances. Son courage était d'un héros : il ne connaissait nul obstacle ; en vingt circonstances, à la façon des preux, on le vit sortir des rangs pour défier le chef ennemi l'appelant à un combat singulier en face des deux armées. Son corps était de fer ; il semblait que le repos ne lui fût jamais nécessaire et qu'il restât insensible aux rigueurs du climat ; il buvait l'eau saumâtre, supportait la faim sans se plaindre, et chevauchait nuit et jour sans trêve. Terrible dans sa colère, implacable dans sa haine, il envoyait des cartels au duc d'Urbin, tentait d'empoisonner Sforza, et, à bout de violences et de crimes, acculé dans sa dernière possession, il résolut un jour d'appeler Mahomet II en Italie comme il y avait appelé les Angevins. Cependant, ce bouillant capitaine savait supporter patiemment les contrariétés d'un siège, et pendant qu'on faisait la brèche ou les travaux de sape et de circonvallation, il traçait des figures d'escarpement et de fortification que Léonard de Vinci a étudiées, et inventait la grenade ou *boîte à balles*, en usage aujourd'hui dans l'artillerie. Les préoccupations d'un mécène ne l'abandonnaient pas au milieu de cette vie d'aventures et de tumulte militaire. Au bas de la lettre qui rend compte à Laurent le Magnifique de la marche des travaux du siège de Crémone, il lui demande si Médicis veut lui céder Pierro della Francesca pour décorer la chapelle de son temple de Rimini ; et, devant Sicune, où il presse le comte de Pittigliano enfermé dans Sorano, il décide avec Léon-Battista Alberti et Matteo du Pasti la forme à donner au dôme de San-Francisco.

Sigismond Malatesta

Magnifique dans l'hospitalité, il aimait les arts, les sciences, la philosophie. Partout où un artiste s'élevait, il cherchait à se l'attacher, et il fallut toute sa turbulence, son insatiable ambition, et l'esprit d'aventure dont il était doué, pour que cette petite cour de Rimini, vers laquelle on tournait les yeux comme vers celles d'Urbin et de Ferrare, n'ait pas jeté un éclat plus vif encore. Le pape Pie II, qui n'était autre qu'Æneas-Sylvius Piccolomini, fut son plus mortel ennemi ; cependant on lit dans cet historien : « Sigismond connaissait toute l'antiquité, était très avancé en philosophie et semblait né pour tout ce qu'il entreprenait. » Burckhardt, dans *la Civilisation de la Renaissance en Italie*, va plus loin encore : « Audace, impiété, talent militaire, culture intellectuelle très raffinée, tant de qualités et de dons se trouvèrent réunis en un seul homme. » Ses proclamations à ses troupes sont dignes de l'antiquité ; l'amour le fit poète, et ses *Carmina italica* étaient devenus populaires dans les Romagnes. Dans le domaine des arts, il sut deviner dans Léon-Battista Alberti un précurseur de Léonard et un émule du plus grand des réformateurs de l'architecture, Brunellesco [2]. A l'égard des humanistes, des savants et des artistes, il montrait une courtoisie et une aménité qu'on réserve d'ordinaire aux femmes et aux reines. Un jour, il apprend qu'Antonio Campano est entré à Rimini, se rendant auprès de Carlo Forte-Braccio pour lui offrir la biographie de son père, le fameux guerrier Andréa Braccio di Montone ; il ne connaît point encore l'historien, mais sa renommée est venue jusqu'à lui ; il l'envoie chercher dans son humble auberge, l'installe et le traite dans son palais, le comble de présents et le veut reconduire avec une escorte jusqu'au pied des Apennins, le renvoie enfin charmé de son accueil et frappé de la profondeur et de l'étendue de ses connaissances. Florence voulait acheter sa neutralité dans la guerre dont la menaçait le roi d'Aragon ; elle lui envoie Gianozzo Manetti, le secrétaire de la république, qui lui communique la traduction des derniers manuscrits reçus de l'Orient, lui parle de la Grèce, de l'antiquité, l'éblouit et le charme par sa connaissance des langues orientales et enfin, lui faisant oublier sa réserve habituelle, part avec sa promesse de garder la neutralité. Nous avons sur le séjour de Sigismond à Rome le récit du Pogge et celui de Bartolommeo Platina, dont il recherchait les entretiens. Pendant ses courts séjours à Florence, il vivait avec les familiers de Careggi et essayait de s'attacher les grands artistes qui vivaient dans l'intimité de Cosme et de Laurent. Il commandait en Morée pour les Vénitiens quand il donna une preuve d'un vrai fanatisme pour les lettres grecques et la philosophie. Forcé d'évacuer les Iles, il fit exhumer les restes d'un philosophe platonicien, Gemistio Byzantino, qui n'est autre que le Pléthon, l'un des hommes les plus admirables du XVe siècle, et, sous le prétexte de ne pas laisser sa tombe aux mains des musulmans, il chargea les dépouilles mortelles du philosophe sur sa galère, aborda à Rimini ; et là, pour rendre un solennel hommage au divin Platon dans son plus fervent disciple, il leur donna pour asile le Panthéon de ses ancêtres, dictant lui-même à Roberto Valturio l'épitaphe qu'on lit encore sur le sarcophage.

Il semblait que Sigismond respirât l'antiquité par tous les pores ; il rédigeait les inscriptions de son temple en langue grecque, et c'est à lui qu'on doit, dans les monuments, la substitution des caractères antiques aux caractères gothiques qu'on employait encore vers 1445. On le vit un jour, devant les commissaires de l'armée florentine qui lui remettaient les étendards dont la république lui confiait la garde comme capitaine-général de ses troupes, invoquer dans une chaude improvisation les vertus de son aïeul « Scipion l'Africain. » C'est à Rimini que César, ayant passé le Rubicon, rallia ses compagnons d'armes et les harangua avant de s'engager dans sa marche sur Rome ; ce grand souvenir le hantait, il voulut l'immortaliser et éleva dans le forum de la ville un piédestal de forme antique sur lequel il fit graver une inscription commémorative [3]. Enfin ce petit seigneur d'un domaine restreint et isolé au bord de l'Adriatique, ce condottiere à la solde, toujours chevauchant par monts et par vaux et qu'on engageait du printemps à l'automne pour guerroyer avec les compagnies qu'il avait formées, devait, entre tous les princes de toutes les nations, rendre aux lettres et aux arts le plus solennel hommage qu'on leur ait peut-être rendu depuis l'antiquité. Comme il avait fait vœu d'élever, un temple au Seigneur et résolu d'y réunir les tombes de tous ses ancêtres afin d'en faire le panthéon des Malatesta. il voulut que L.-B. Alberti groupât autour du temple même, sur le bandeau des arcs extérieurs, les sarcophages de tous les savants, les philosophes et les artistes qui avaient vécu à sa cour ; ils formeraient ainsi autour de lui, dans la mort, le brillant cortège qu'ils avaient formé pendant sa vie.

Voilà le héros tel que le représentent les médailles de Pisanello et de Matteo du Pasti. Essayons de peindre l'homme.

Il était plein des plus étranges contrastes, et chez lui la luxure et la violence de caractère allaient jusqu'à la férocité. A la fois ardent et souple, il pouvait dissimuler longtemps pour mieux saisir sa proie ; mais le plus souvent il éclatait comme un furieux et montrait à nu ses sentiments sauvages. En pleine cour de Ferrare, admis très jeune encore (grâce à la victoire qu'il avait remportée à seize ans sur Urbin) à un congrès auguste composé des plus grands souverains de l'Italie, on le vit tirer son épée et appeler à un duel à mort ceux qui étaient d'un avis contraire au sien, comme s'il ne reconnaissait d'autre supériorité que celle de sa force. Le héros cachait un bandit de grand chemin, et l'homme, à un moment donné, devenait une bête féroce. Si l'on en croit le pape Pie II, il faudrait revenir aux temps barbares pour trouver de tels forfaits accumulés sur la tête d'un souverain. Une femme avait su le charmer, à laquelle il sacrifia toutes les autres ; il ne devait reculer ni devant le poison ni devant l'assassinat pour lui appartenir tout entier. Tout d'un coup cependant il oubliait l'empire d'Isotta ; ses sens s'éveillaient avec une sorte de fureur, et la folie s'emparait de son être. Au plus fort de sa passion pour elle, il avait rencontré une Allemande mariée à un seigneur de Borbona, magnifique créature qui avait allumé ses désirs. Il la convoite, il la possédera. Un samedi, le 19 décembre 1448, il va se poster sous les murs d'une villa de Fano, le Camminate ; là doit passer la dame, qui revient de l'église ; elle s'avance entourée de ses gardes, Sigismond attaque l'escorte, la disperse ; la femme tombe, il se précipite sur elle, une lutte furieuse s'engage entre la luxure et la pudeur : il la frappe, et, sur ce beau corps inanimé, le monstre assouvit son désir. Un cri d'horreur s'éleva dans toute l'Italie. Le pape envoya des troupes pour s'emparer du seigneur de Rimini ; au Vatican, un concile de cardinaux le condamna à mort par contumace, et on le brûla en effigie sur les marches de la basilique de Saint-Pierre [4]. Cependant, l'homme qui sort tout sanglant des bras de ce cadavre, par un étrange retour de sa nature, divinise son amante Isotta et lui adresse des poésies pleines de tendresse et de fraîcheur, et cet horrible époux qui, si on en croit le pontife, empoisonna Geneviève d'Este et étrangla Polyxène Sforza, sa seconde femme, a laissé des pastorales dédiées à son Isotta, où il compte les petites fleurs dont l'éclat diapré les vertes prairies.

Sigismond avait l'âme et l'esprit d'un païen, et le pontife l'accusa d'hérésie pour avoir élevé un temple, dédié à saint François, où jamais une seule fois il n'a fait allusion par un symbole, par une statue, par une image, au culte de la Divinité, alors que le nom de sa maîtresse est écrit depuis la base jusqu'au faîte, aux frontons, aux frises, aux balustrades, dans cent vingt bas-reliefs sculptés par des maîtres florentins, où ils évoquent Mars, les planètes, les signes du zodiaque, célèbrent les hauts faits du prince et glorifient la philosophie et les sciences dans un sanctuaire chrétien. Mais cet hérétique, à son lit de mort, recommande à ses enfants d'achever son œuvre ; cet époux criminel est un fils pieux qui rassemble les ossements épars de tous ses ancêtres ; et pendant toute sa vie on le voit garder devant ses yeux, dans son cabinet d'études, le crâne de son aïeul, qu'il a fait sculpter en marbre et couvrir d'inscriptions religieuses. Enfin ce rebelle à Dieu et aux hommes, ce criminel tout passion et tout désir, a le cœur d'un amant et les entrailles d'un père, et quand, fatigués de son ambition, indignés de ses crimes et décidés à en finir avec ses perfidies, les princes de l'Italie se liguent contre lui, le traquent comme une bête fauve et l'acculent dans Rimini, on le voit trembler pour son amante et pour ses fils et les recommander au Tout-Puissant.

Celle qui allait devenir sa troisième femme, après avoir allumé en lui une flamme qui ne devait s'éteindre qu'à sa mort, s'appelait Isotta dei Atti ; elle appartenait à une famille noble de Rimini et elle y était née vers le même temps que lui. Son père, Francesco degli Atti, s'était enrichi par le commerce ; sa mère était morte de bonne heure. Elle habitait un palais près de la rue Santa-Croce, où Sigismond, qui construisait alors sa résidence de la « Rocca Malatestiana, » était venu s'établir dans la casa Roelli. Dès le premier jour, il subit le charme et rechercha la jeune fille. Nous avons retrouvé à la bibliothèque Vaticane les poésies (encore inédites) qu'il composa pour elle au début de sa passion. Après avoir invoqué les astres et les oiseaux du ciel, il s'adresse aux animaux domestiques et aux bêtes fauves, au roi Salomon, qui, « vaincu par l'amour d'une païenne, adora à genoux les idoles, » à Hercule, « qui fut dompté par Omphale, » à Jacob, « qui soupira sept ans pour Rachel, » à

David, « fou d'amour pour Bethsabée, » à Samson, à Priam, à Paris, à Hélène, à Didon et à Énée, à Narcisse, à Philis, à Léandre, à Jason et à Médée, à tous les amoureux enfin depuis l'antiquité jusqu'à Tristan et Yseult, jusqu'à Laure et Pétrarque. Il demande à tout le cortège des énamourés de venir s'agenouiller aux pieds de celle qu'il aime et de la supplier en grâce de prendre en pitié son cœur souffrant. Il appelle enfin à lui le chœur des anges et des chérubins, et les adjure, dans un concert céleste, de toucher le cœur d'Isotta et de la décider à couronner sa flamme.

Ce sera certainement une révélation pour tous ceux qu'intéresse l'histoire de la sculpture italienne, d'apprendre que tous ces bas-reliefs du temple de Rimini (dont Pie II condamnait les sujets comme entachés de paganisme, et que lui-même, ainsi qu'il le dit dans ses *Commentaires*, croyait arrachés aux temples grecs), ne sont que la traduction de chacune des stances de cette poésie de Sigismond adressée à Isotta. Mazuchelli, le grand numismate italien, s'arrêtait déconcerté devant ces allégories et ces symboles ; il sentait l'âme des choses antiques, croyait retrouver là leurs mythes, leurs croyances et la philosophie des Grecs. Barthélémy, l'auteur du *Jeune Anacharsis*, qui prit l'empreinte des caractères qui y sont inscrits pour essayer de pénétrer les origines de ces œuvres, renonça à expliquer l'énigme. Elle devient transparente quand on lit, dans le temple même, chacune des stances traduites en marbre par Matteo de Pasti, médailleur ordinaire de Sigismond et son pensionnaire. La rencontre d'un tel document devient d'un prix inattendu pour celui qui a vécu, pour ainsi dire, dans l'intimité du monument ; elle confirme plus que jamais, si on en pouvait douter un instant, cette pensée que l'édifice tout entier est consacré à Isotta et à Sigismond lui-même. Malatesta, vainqueur du roi d'Aragon, couronné par les Florentins aux acclamations de tout un peuple, le *Poliorcetes semper invictus* des légendes de Pisano, n'est plus un mortel au moment où il élève le temple de Rimini ; dans les bas-reliefs du tombeau de ses aïeux, porté sur un char triomphal traîné par des captifs, il figure au milieu des dieux de l'Olympe ; plus loin, aux plis de la robe d'une des figures allégoriques qui personnifient les vertus dont il est doué, on lit cette légende : *Jupiter. Apollo. Ariminœus*. L'encens de ses thuriféraires a troublé le cerveau du condottiere, il sent qu'il devient un dieu, et le seul immortel est absent de son temple. Non, ce n'est pas le Seigneur qu'on adore ici, c'est Sigismond, c'est Isotta ; c'est pour tous deux que brûlent l'encens et la myrrhe.

Dès l'année 1446, Sigismond, âgé de vingt-neuf ans et déjà veuf de Geneviève d'Este, déclare à la face de tous sa passion pour Isotta. Il demande à son médailleur sept représentations de sa maîtresse, et, afin qu'on n'ignore point les liens qui l'unissent à elle, au revers, son pensionnaire Matteo sculpte l'éléphant des Malatesta et il écrit en exergue : *Isottoei. Ariminensi, Forma. Et. Italien. Decus.* En même temps, Sigismond demande à ses poètes lauréats et à ses historiens à gages de célébrer celle qui vient de lui donner un fils ; et quatre poètes de cour, Porcellio Pandone, Basinio de Parme, Trebanio et Tobia del Borgo, écrivent les *Isottoei*, poème divisé en cinq livres, toujours empreint du même esprit que les œuvres des artistes, l'esprit de l'antiquité. Le premier chapitre est intitulé : *de Amore Jovis in Isottam* ; on y reconnaît Sigismond sous les traits de Jupiter ; les quatre autres sont composés d'élégies dans le goût de celles d'Ovide, on y verse l'encens à pleines mains, on épuise les termes de l'adulation et, dans leur délire littéraire, les poètes élèvent Isotta au rang des déesses :

Denique si dotes pergam numerare puellæ,

Nulla tibi par est fœmina, nulla dea.

On n'avait jusqu'ici d'autres documens sur la maîtresse de Sigismond que ceux laissés par les poètes et les historiens. Les poètes sont suspects, même lorsqu'ils s'appellent Guarino de Vérone, et Roberto Valturïo ; voyons les historiens. Garuffi, dans son *Journal des littérateurs d'Italie*, la définit ainsi : *Donna di mirabile prudenza e versatissima nelle scienze.* Julio Cesare Capaccio, dans son *Elogium illustrium mulierum*, est tout aussi flatteur : *Erat hæc prudentia, disciplinarum studiis, sed poeticis præcipue exercitationibus clara.* Elle figure dans les recueils de femmes célèbres et, s'il faut en croire la légende, elle est poète. Lorenzo Legati, en effet, dans le *Museo Caspiano*, et Carlo Pinti, qui a écrit son éloge, l'ont placé dans le chœur d'Apollon :

Quam prudens, sapiens quam fueris

Chori Phœbi, culta poetria.

Clementini, qui est le grand classique pour tout ce qui concerne

Rimini, attribue l'influence qu'elle exerçait sur Sigismond encore plus à ses qualités politiques qu'aux « singulières beautés de son corps. » Elle était, dit-il, de *gran governo* ; elle en donna d'admirables preuves en exerçant la régence en l'absence de son mari. Une chronique du XVe siècle, inédite, conservée à la Bibliothèque de Rimini, la caractérise ainsi : *Erat hæc pulchra aspectu, plurimis dotibus locupleta, fœmina belligera et fortis, et constans in proposito, grata populo et placita oculis principis.* Pour une favorite de prince, ce sont là, il faut l'avouer, des qualités de premier ordre ; et, sans épuiser les témoignages contemporains, il n'y a plus à douter de sa supériorité, attestée par Pie II lui-même, qui va cependant brûler son amant en effigie : « Il a aimé éperdument Isotta, et elle en était digne. » Voilà certes un témoignage austère et inattendu. Il n'y a donc pas une note discordante dans ce concert, et du Vatican même est parti naguère, par la bouche d'un familier du dernier pontife, ce jugement historique qui résume tous les témoignages contemporains : « C'était un génie cultivé dans tous les genres d'étude ; elle élevait son âme par la contemplation de la philosophie et vivait dans l'intimité constante de l'histoire, trouvant un charme et un bonheur réels dans la poésie ; elle était la vertu même et vendit tous ses joyaux pour soutenir son époux dans les guerres qu'il entreprit [5]. »

Je ne voudrais pas porter la main sur une idole, mais je crois qu'Isotta, malgré tous ces témoignages, n'était rien moins que belle. Il existe d'elle huit médailles, sept de Matteo du Pasti, une de Pisanello (qui est contestée), un buste en marbre du temps au Campo Santo de Pise, un autre buste en bois qui faisait partie de la collection Barker, de Londres, et enfin un bas-relief, aujourd'hui perdu sans doute, mais dont Mazuchelli nous a donné une bonne gravure. Ce dernier document est le plus important de tous, en ce sens qu'il n'a point le caractère héroïque, et, qu'après les médailles, c'est le seul qui porte une inscription avec le nom d'Isotta. Ajoutons qu'il est dû, à n'en pas douter, à un des sculpteurs qui ont collaboré au temple de Rimini et qui a connu personnellement la régente. Je ne cite que pour mémoire la peinture de Pierro della Francesca du National Gallery de Londres ; une vague ressemblance dans la coiffure « à l'isotte, » qui constitue d'ailleurs la mode du temps, et le nom de l'artiste qui fut employé par Sigismond, auquel on l'attribue, ont porté les rédacteurs du catalogue à inscrire sous ce panneau le nom d'Isotta de Rimini, sans qu'on puisse considérer l'attribution comme certaine.

Les monuments sont à la portée de tous dans les collections publiques et privées, on peut les comparer ; le buste de Pise accuse une grande créature sèche, aux traits hardis, au nez très proéminent ; le cou maigre, osseux, est d'une longueur démesurée, et dans toutes les représentations que nous avons sous les yeux, bronze, toile ou marbre, la distance qui sépare le nez de la lèvre supérieure est tout à fait exagérée.

Puisque nous ne retrouvons ni sur le marbre ni sur le bronze la preuve de ces *bellezze singolari del corpo* qui distinguaient Isotta, ni cette beauté d'aspect dont parle la chronique anonyme de Rimini, il nous faut donc chercher dans l'être moral les causes de l'incroyable influence qu'elle sut exercer sur Sigismond. On a vu combien les témoignages sont nombreux ; mais ici encore, après avoir essayé de retrouver les preuves absolues, irréfutables, qui nous permettraient d'asseoir un jugement définitif, nous osons à peine formuler notre conclusion en présence des assertions des contemporains les plus augustes, et, s'il est possible d'*écrire tout bas*, comme on murmure une opinion qui va soulever un orage, nous oserons avancer que cette « prêtresse du culte d'Apollon, » cette favorite de Sigismond, qui « élevait son âme par la contemplation de la philosophie et vivait dans l'intimité constante de l'histoire, » n'était rien moins qu'une femme lettrée, et ne savait probablement pas lire.

On est tenu, quand on avance une opinion contraire à celle des historiens, de donner des preuves irrécusables ; je m'en rapporterai sur ce point à la perspicacité des lecteurs et je fournirai celles que j'apporte à l'appui de mon assertion.

Le fait avéré aujourd'hui pour tous les historiens et archivistes, c'est que les archives privées de la maison de Rimini ont été dispersées ; on a pu espérer un instant, en lisant l'extrait d'un procès-verbal rédigé en 1527 par des délégués du Saint-Siège chargés de rechercher patiemment, de maison en maison, à Rimini même, les documents qui avaient échappé aux exactions des habitants et à la fureur des troupes d'Adrien IV, que « deux sacs » portés au Vatican par ordre du pontife Clément VI (et qui devraient y être encore aujourd'hui) pourraient peut-être contenir quelques révélations inattendues sur les personnages de cette cour de Rimini. Autant qu'on peut être sûr de ce que contiennent les mystérieux casiers de la *Secreta*, ces deux sacs, dont l'autorité ecclésiastique la plus élevée affirme nous avoir livré le contenu, ne renfermaient que des papiers administratifs intéressant les rapports avec le Saint-Siège et des états relatifs aux compagnies engagées pour la défense du pontife, sous les ordres des condottieri de la maison de Rimini. C'est à la bibliothèque Vaticane, dans un recueil manuscrit, que nous avons trouvé le seul document décisif qui pouvait provenir de cette source : le recueil de poésies intitulé : *Carmina italica Sigismundi Pandulfi*, dont nous avons parlé plus haut. C'est donc aux autres dépôts d'état des diverses régions de l'Italie qu'il fallait demander désormais les communications adressées aux divers souverains par Sigismond et par Isotta de Rimini, régente en sa place. Nous croyons avoir rempli consciencieusement la tâche que nous nous étions imposée, à Florence, à Milan, à Venise, à Naples, à Pérouse, à Pesaro, à Cesena, à Fano, à Forli et autres dépôts nationaux.

Aucune de ces villes ne contient rien qui soit signé d'Isotta ou qui soit même écrit en son nom. Modène, à cause des relations constantes avec la maison d'Este, offre quelques documents qui ont plus ou moins d'intérêt ; mais les communications adressées à Lionel d'Este ou aux princes de sa maison ont le caractère banal des notifications à l'occasion des naissances ou des morts, des lettres de félicitation ou de condoléance, des recommandations et des missives de présentation, et, sans en excepter aucun, tous ces documents écrits par des secrétaires, ne portent même pas la signature d'Isotta. Au temps où elle n'était encore que sa maîtresse et alors que vivait la seconde femme de Sigismond, Polyxène Sforza, il eût été malséant à elle d'écrire, malgré l'autorité que le seigneur de Rimini lui avait déléguée, et nous ne nous attendions point à trouver sa trace avant 1456 ; mais quand Isotta est devenue sa femme, ses relations avec les cours étrangères se bornent à des rapports d'un caractère absolument banal et ces rapports se font toujours par intermédiaires. Cependant, au moment où nous avions renoncé à trouver ce qui avait été le but de nos investigations, nous nous sommes trouvé inopinément, aux archives de Sienne, que nous avions laissées en dehors de notre cercle de recherches, en présence du document suivant :

« Au magnifique seigneur Sigismond Pandolphe de Malatesta, mon très distingué seigneur.

« Monseigneur, j'ai reçu la lettre par laquelle Votre Seigneurie me jure qu'elle m'aime plus que jamais. J'en suis certaine et je veux le croire ; j'en serais plus sûre encore si vous vouliez mettre fin à cette situation qui m'enrage, et si, puisque vous me jurez que vous désirez cette chose-là plus que moi, alors même que vous ne la voudriez pas encore tout à fait, vous la vouliez accomplir pour l'amour de moi et effectuer enfin le véritable mariage le plus vite que Votre Seigneurie le pourra. (*Diate vero spozamento piu presto che vui posette.*) Pour ce qui est du passage où Votre Seigneurie m'écrit que je ne devais pas répondre à sa lettre comme une personne toujours sur ses gardes et pleine de jalousie, il m'est revenu positivement que vous m'avez fait une infidélité avec la fille du sieur G.., et mue par ces deux passions qui m'animaient, il me semblait que le moins que je pusse me permettre, c'était de manifester mon ressentiment et c'est pour cela que Votre Seigneurie me dit aussi qu'elle ne m'écrira plus. Quand j'ai lu ce message, je me suis dit qu'il ne me manquerait plus que cela pour que mon mécontentement fut complet. Je prie donc Votre Seigneurie, si elle m'aime autant qu'elle le dit, de ne pas me priver de ses lettres, qui sont la seule compensation que j'aie à son absence.. Veuillez avoir pitié de moi, pauvre petite. (*Voliate avere compasione amy poveretta.*) Notre Malatesta va bien, et il a reçu avec une grande joie le petit cheval. Tous nos autres fils et filles se portent bien aussi. Je me recommande mille fois à Votre Seigneurie.

« De Votre Seigneurie la servante,

« YXOTTA ARIMIMESSE.

« Le 20 de décembre. »

L'écriture est très personnelle, la signature est de la même main que le corps de la lettre, criblée de fautes d'orthographe, pleine de répétitions, d'incorrections et d'omissions, et elle n'est point datée, mais il nous est facile de suppléer à cette lacune par l'adresse de toutes celles du dossier dirigées, « au capitaine-général des troupes de la république de Sienne. » La teneur en est secrète et confidentielle au premier chef, puisqu'il s'agit de plaintes amères au sujet de ce mariage que Sigismond refuse d'accomplir (car il est devenu veuf de Polixène Sforza) ; enfin, dernière circonstance qui dénote encore un abandon plus intime, Isotta reproche à son amant de l'avoir trompée avec une personne qu'elle ne désigne que par une initiale. Voilà enfin son caractère et sa signature ! Nous sommes donc, à n'en pas douter, en face d'un autographe d'Isotta ; la seul que nous ayons rencontré après des recherches qui ont duré plusieurs années. Nous faisons la lecture de ce document, presque indéchiffrable, avec l'aide de l'honorable préfet des archives de Sienne, le savant M. Banchi ; il partage notre étonnement et notre enthousiasme.

Cette lettre n'est pas isolée, d'autres signées de noms divers y sont jointes, toutes adressées à Sigismond. Voilà un dossier, banal jusqu'ici, impersonnel, intitulé : *Lettres à divers personnages*, qui prend désormais un singulier intérêt, puisque nous constations après avoir pris connaissance de tous les documents, qu'il y a là des lettres des grands médailleurs de la renaissance, — ce qu'on peut regarder comme *rarissime*, — des lettres de Matteo Nuti, architecte de Fano, suppléant de Léon-Battista Alberti pour l'érection du temple de Rimini, nombre de lettres des chanceliers de Sigismond qui relatent l'état des travaux de la construction du temple de Rimini, où sont cités les noms des artistes collaborateurs de L. Alberti (noms qui n'ont rien à voir avec ceux cités par Vasari et les rares écrivains qui se sont occupés de San-Francesco de Rimini). Le recueil va changer d'étiquette ; il figurera désormais dans les archives de Sienne sous la rubrique : *Lettres Malatestiennes*.

Tout d'abord, pourquoi et comment ces lettres sont-elles à Sienne ? Que les archives de la commune de Sienne aient conservé les lettres de celui qu'elle appela au moins une fois à conduire ses troupes contre les ennemis du dehors, il n'y aurait rien là que de fort naturel — (et de cette origine, le dépôt ne contient que des signatures du fameux condottiere) ; — mais la présence dans ce même dépôt de correspondances qui lui sont adressées est inexplicable, puisque des lettres d'un caractère purement privé font d'ordinaire partie des archives de celui qui les reçoit. Elles devaient se trouver à Rimini et disparaître comme les autres. La raison de cette anomalie est très singulière, et on verra que dans ces investigations, on est quelquefois servi ou déçu par de singuliers hasards. En 1454, la république de Sienne était en guerre avec le comte de Pittigliano ; Sigismond Malatesta s'était illustré par ses campagnes contre Sforza et le roi d'Aragon, son épée de condottiere était à ceux qui mettaient l'enchère la plus élevée ; Sienne lui confia sa défense. A l'automne, il vint mettre le siège devant Sorano ; et, aussi perfide que vaillant, Malatesta médita de trahir les Siennois et de s'emparer de leur territoire ; les espions de la commune le dénoncèrent ; à la faveur de la nuit les gardes de la ville descendirent en plaine et surprirent Sigismond dans son campement ; ils allaient s'emparer de sa personne quand, à moitié vêtu, il put sauter sur son cheval et prendre le champ. On séquestra sa tente, ses bagages et sa correspondance, où on devait trouver la preuve de ses perfides projets. Or, en 1454, on décorait l'intérieur du temple de Rimini et L.-B. Alberti préparait l'érection du dôme qui devait couronner l'édifice. Chaque jour on tenait le seigneur au courant de la marche des travaux, et, suivant le cours des événements, ses correspondants habituels lui adressaient leurs rapports, sa maîtresse lui donnait de ses nouvelles et de celles de ses enfants, ses amis restaient en relation avec lui ; les communications de toute nature enfin lui arrivaient de toutes parts, et, naturellement, il gardait les dépêches que lui apportaient les courriers. Cette série, égarée jusqu'alors en quelque casier du dépôt, car elle ne se rattachait point à l'histoire de la ville et ne se composait que de documents privés, M. Banchi l'étudiait pour écrire cet épisode de la guerre contre le comte de Pittigliano dans l'*Archivio storico* de Florence, et nous arrivions à Sienne au moment même où l'honorable directeur la déchiffrait. Chacun de ces noms qui n'avaient aucune signification pour ceux qui ne vivaient point dans l'intimité des choses de Rimini nous était familier de longue date, et, pour nous, la lecture de cette correspondance était pleine de révélations. Nous étions enfin en face de quelques-uns de ces documents de première main qui, par suite de cet épisode de la vie de Sigismond, peuvent être considérés comme les seuls qui ont échappé aux deux désastres de 1501 et de 1527, qui ont dispersé les archives. Dix ans plus tôt ou dix ans plus tard, la série de ces lettres, dites malatestiennes, n'avait plus pour nos études qu'un intérêt secondaire ; mais comme elles étaient datées 1454, — c'est-à-dire l'année même où on décorait le temple de Rimini, — ces mêmes lettres, inutiles pour l'histoire de Sienne, devenaient d'un prix inestimable pour l'histoire de l'art à Rimini. Tout ce qui était obscur pour tout autre que ceux voués à cette étude spéciale des lettres et des arts de la première renaissance à Rimini, était pour nous des lueurs. Miser Batista signifiait le grand Léon-Battista Alberti ; *Matteo de Bastia* correspondait à Matteo du Pasti, l'élève de Pisanello ; *Maestro Pierro*, c'était Pierro della Francesca ; *Sagramoro* n'était autre que le fidèle chancelier de Sigismond, son factotum, son secrétaire et son âme damnée, *Maestro Alvise* cachait le nom du charpentier chargé de l'érection du dôme de Rimini, et ce nom de *Maestro Agostino* enfin, cité à propos d'un sarcophage des *Antenati*, dans la chapelle consacrée aux ancêtres de Sigismond, avait toute la portée d'une véritable découverte : car il permettait de fixer, d'une façon définitive, à quelle personnalité était due l'exécution de ces superbes bas-reliefs du *Tombeau des ancêtres*. On a prononcé tour à tour devant ces œuvres les plus grands noms. Il faut simplement les rendre à ce nouveau venu dans l'histoire de l'art, dont Vasari a écrit la biographie sous le nom d'Agostino della Robbia (qui n'a de commun avec cette famille que la particularité d'avoir exécuté à Pérouse des figures de *terra invetriata* » et il faut lui rendre son vrai nom, Agostino di Duccio. M. Adamo Rossi, le bibliothécaire de Pérouse, a tenté de restituer la personnalité de cet artiste supprimée par Vasari ; son biographe cherchait sa trace qui lui échappait, pour dix ans de ses travaux ; la lacune est comblée désormais ; Agostino est à Rimini en 1454, et ses travaux l'y retiendront de longues années.

Mais il est temps de revenir à Isotta. Il était bien naturel qu'on trouvât ses lettres dans ce recueil de la correspondance adressée à Sigismond en décembre 1454 ; celle que nous venons de citer est malheureusement la seule qui porte sa signature. En voici toutefois une seconde, provenant de la même série, qui présente à un tel point le même caractère d'écriture personnelle, féminine, irrégulière, avec les mêmes fautes d'orthographe, les mêmes habitudes de main et d'abréviation, qu'il faut courir à la signature pour reconnaître qu'elle n'est point d'Isotta. Elle est ainsi conçue : « Monseigneur, aujourd'hui madonna Isotta m'a fait vous écrire au sujet de la fille du seigneur Galeazzo. Celui-là a bien dit, monseigneur, qui prétend que les jeunes poules font du maigre bouillon. Ces jours-ci nous nous sommes rendus chez cette fille, et en somme elle a tout nié et nous a fait bon visage. Isotta, monseigneur, selon moi, lui a dit tout ce qu'on pouvait lui dire. Tous vos fils et filles se portent bien. Dans le pays où vous êtes, à propos de la prise du château fort, on est en joie et triomphe. Ici nous sommes en mauvaise situation et on dirait que nous naviguons sans boussole, abandonnés au courant. Madame Lucrezia a dû écrire ces jours-ci à Votre Seigneurie ; je suppose qu'elle aura eu sa lettre. Elle et tous les autres se recommandent à vous.

« Donnée au jour de XXI de décembre.

« De la V. S. serva D. de M. »

Même date, même écriture ; au début de la lettre, ce simple énoncé : « Aujourd'hui, Madame Isotta m'a fait vous écrire au sujet de la fille du seigneur Galeazzo. » — Donc, la personne qui a signé cette seconde lettre a écrit la première, et elle l'a signée du nom d'Isotta sous sa dictée, car le corps de la lettre est de la même main que la signature. Il importe peu de savoir qui est D. de M. (pour moi D. de Malatesta, un parent pauvre, une confidente, un espion ou un serviteur laissé par Sigismond à la garde d'Isotta) ; mais ce qui est capital, c'est le fait qui ressort de cette circonstance : si madonna était absente, si elle était malade, empêchée, on pourrait admettre que, même en un sujet aussi réservé, elle eût employé un secrétaire ; mais, elle ne l'est point, puisque le même jour où elle fait écrire à son amant au sujet de la fille du seigneur Galeazzo, elle se rend avec son secrétaire chez celle-ci et lui *lave la tête* (c'est l'exacte traduction de la pensée exprimée). — Comment éviterai-je donc la conclusion ? Elle me semble inéluctable : « L'honneur de l'Italie » *ne savait pas écrire*, et c'est le pendant d'Agnès Sorel [6].

On comprend que je résume à grands traits et que je dois courir au but. Il ne s'agit point d'analyser cette curieuse série des lettres malatestiennes, qui offre maints détails curieux sur les mœurs privées du XVe siècle ; il s'agit de restituer autant que possible cette personnalité d'Isotta, et on avouera qu'il est impossible, au début, de trouver une preuve d'une nature plus inattendue. S'il y a quelque chose d'inexplicable dans ces assertions des poètes et des historiens les plus autorisés, il faut se reporter au temps et aux mœurs de l'époque. Les historiens à gages et les poètes ont exagéré du tout au tout, c'est évident : elle n'avait ni haute culture intellectuelle, ni connaissance des sciences et de la philosophie, mais elle devait avoir reçu du ciel des dons naturels remarquables : et elle avait à coup sûr l'instinct des choses de la politique, une prudence innée qui firent d'elles, de 1460 à 1480, une sorte de Catherine de Médicis au très petit pied. Les artistes nous ont dit qu'elle était belle, les poètes ont chanté qu'elle était savante, c'est dans l'ordre. Ce qui est positif, c'est que Sigismond avait trouvé en elle une amie sûre ; plus et mieux qu'une maîtresse pleine d'attraits. Quand on la voit seule à Rimini, où elle exerce la régence, secourir Sigismond engagé dans les plus funestes aventures, conduire des négociations ardues avec Sforza, avec Ferrare, et Alphonse d'Aragon, user de toutes les ressources de son esprit pour détacher celui-ci d'une alliance, lui concilier celui-là, réaliser un emprunt, faire face à une exigence momentanée, engager tous ses joyaux pour lui envoyer cinq cents lances et lui permettre de jouer sur le champ de bataille la dernière partie qui peut le sauver : on comprend l'empire que cette femme, qui se fait si humble, cette *poveretta* qui demande adroitement pitié quand elle va régner en souveraine, sut exercer pendant trente ans sur ce farouche capitaine.

Isotta était souple et ne le heurtait jamais de front ; elle se fût brisée contre cette violente nature. Quand, emporté par sa rage de luxure, il se laissait entraîner à quelque horrible forfait, comme celui commis contre la femme du seigneur de Borbona, elle savait se contenir et n'éclatait point en amères récriminations : elle attendait son heure. On comprend qu'elle était une Égérie encore plus qu'une Dalila ; elle avait la tendresse voluptueuse et tranquille d'une femme experte aux choses de la vie, et elle avait compris cette nature ardente et pleine des plus violents contrastes. Elle savait apaiser ses fureurs, le calmer dans sa rage, et le consoler dans ses défaites, alors que, vaincu par Urbin ou par Sforza, humilié par les pontifes, par Venise ou par Aragon, il rentrait impuissant ; et farouche dans sa Rocca Malatestiana. Non moins habile aux choses du cœur et des sens qu'aux choses de la politique, elle savait temporiser, car elle avait l'expérience de ce terrible caractère : le caprice d'une heure et les fureurs bestiales seraient passagers, tandis que son pouvoir à elle devait durer autant que sa vie. Elle aspirait, en effet, à changer cette inclination en union durable.

Ce fut là sa grande œuvre ; Sigismond l'avait connue jeune fille, vers 1440, mais il n'avait point pris cette liaison au sérieux. En 1443, en effet, il faisait baptiser un fils qu'il venait d'avoir de sa maîtresse, la Vannetta dei Toschi de Fano ; le pape Nicolas V, la même année, légitimait l'enfant qui devait devenir un jour Robert le Magnifique, le sauveur de Rome et le vainqueur du duc de Calabre. Sigismond, veuf depuis trois années de Geneviève d'Este, fille du marquis de Ferrare, épousait en deuxièmes noces Polyxène Sforza, la fille du duc de Milan (1443). Le premier mariage lui avait donné l'appui de la maison d'Este ; en contractant le second, il voulait s'assurer l'alliance du duc de Milan. Il était entendu que ces liens légitimes n'engageaient que les femmes ; dès 1444, Malatesta donnait à son Isotta des preuves publiques de son attachement. Sous les yeux de la Sforza, à sa place dans sa tribune, aux luttes et aux tournois, il ne porte d'autre devise que celle de sa maîtresse, « la Rose d'Isotta, » connue dans la numismatique italienne. Il enlace son chiffre au sien, c'est le signe de son cachet, on le retrouve jusque sur les armures des chevaux de ses compagnies, aux murs des monuments, aux frises des autels, au fronton des églises ; et il déclare dès lors publiquement que sa destinée est liée à celle de son amante. En 1446, il fait frapper les médailles qui sont dans toutes les collections ; en 1450 enfin, du vivant même de la Sforza, il consacre à Isotta une chapelle dans le temple qu'il fait élever ; on y reproduit son image sous les traits de l'archange saint Michel, et tandis qu'on cherche vainement aujourd'hui la simple dalle qui recouvre les restes de ses deux premières femmes, on voit se dresser orgueilleux, au mur de la chapelle, le superbe tombeau d'Isotta porté sur les éléphants de l'écusson des Malatesta et se détachant sur le grand manteau d'hermine couronné du cimier des seigneurs de Rimini, avec cette inscription : D.ISOTTÆ.ARIMINENSI.SACRUM.MIIIIL.

Nous avons vu qu'en 1454 elle pressait son amant, devenu veuf de sa seconde femme, de contracter le vrai mariage ; en 1457, c'est-à-dire deux années après, au lieu de *Isotta Ariminensis*, ou *Ixotta Acti de Actis dei Atti*), nous lisons dans un acte d'état civil tiré de l'archive des pères ermites de San-Agostino de Rimini, cette qualification nouvelle : Domina Isotta de Malatestis. — La fille des Atti a atteint le but de ses espérances : elle n'était que favorite, elle est montée sur le trône de Rimini.

Par un passage de la lettre citée plus haut nous apprenons qu'elle avait donné depuis longtemps des héritiers à Sigismond ; elle parle d'abord de son petit Malatesta (il s'appelait Sallustio), elle ajoute plus loin : « Tous nos fils et filles se portent bien. » Sigismond avait profité de la faveur passagère dont il jouissait auprès de Nicolas V à la suite d'une victoire qu'il avait remportée, pour faire légitimer tous ses enfants naturels. La bulle est datée du 30 juin 1450. Or la Sforza était morte le 1er juin de la même année, de sorte que le complaisant pontife avait à peine attendu que les cendres de la seconde femme fussent refroidies pour légitimer les fruits de la liaison avec Isotta ; et si on considère les longs délais que nécessitaient toujours au Vatican l'expédition de ces documents, on en arrivera à conclure que la demande avait été faite du vivant même de Polixène Sforza.

Nous touchons ici à un point grave de la vie de ce condottiere. Tous les historiens, l'accusent d'avoir empoisonné Geneviève d'Este, sa première femme, et étranglé la seconde, fille du duc de Milan. L'accusation est formelle : Pie II en fait le chef principal du réquisitoire prononcé en son nom par le fiscal du Vatican, et l'historien Clementini n'hésite pas à spécifier le genre de supplice qui mit fin aux jours de Polixène Sforza ; selon lui, il l'aurait étranglée en lui passant au cou une serviette qu'il serra jusqu'à ce que mort s'ensuivit. *Si disse che morisse con un asciugatoio avvoltole strettamente al collo.* Il est bien certain que le trépas de ses deux épouses, qui disparaissent à la fleur de l'âge, coïncidant avec la demande de légitimation des enfants qu'il avait eus d'Isotta, justifie jusqu'à un certain point la rumeur publique, et on est en droit de se demander si, en vertu de l'axiome célèbre : *Is fecit cui prodest*, Isotta ne fut pour rien dans ces résolutions épouvantables. Nous avons compulsé la correspondance qui s'échangea entre le seigneur de Rimini et le marquis de Ferrare, son beau-père, l'année même du meurtre, ainsi que celle adressée à Sforza quelques mois après la mort de Polyxène ; pas plus à Milan qu'à Ferrare, on ne semble avoir tenu rigueur à Sigismond et, au moment même où Pie II formule nettement l'accusation et exécute la sentence, les deux cours continuent encore leurs bons offices. L'argument a du poids, Nicolo d'Este recherchera même l'alliance de la maison de Rimini pour une autre de ses filles, et on se demande (encore que tout ce que nous savons de Sigismond rende vraisemblable une aussi monstrueuse supposition), si les historiens, et surtout le Vatican, n'ont pas chargé sa mémoire de plus de crimes qu'il n'en a réellement commis. Passerini, en écrivant la notice sur les Malatesta dans la *Généalogie des familles italiennes*, a été déjà frappé de cette circonstance et n'ose pas condamner Sigismond. Quoi qu'il en soit, la mémoire d'Isotta ne reste point chargée de cette accusation, et quand on voit ce même Pie II, quelques années après la mort des deux rivales d'Isotta, rendre un éclatant témoignage à la mémoire de la compagne de Sigismond, il n'y a pas à hésiter, il faut au moins l'absoudre.

La destinée d'Isotta devait être cruelle ; à partir de 1456, elle est presque constamment régente. Sigismond ne cesse de guerroyer, il va du nord au midi, dans le Napolitain, dans les états de l'église, dans la Toscane, dans le Milanais, en Morée, à Raguse, à l'Ile de Rhodes. Il laisse à sa femme le soin de ses états, dont chaque jour le Vatican lui enlève un lambeau. On a profité de ses constantes rébellions pour le resserrer dans Rimini, et sa haine contre son voisin, le duc d'Urbin, sera la cause directe de sa perte. Il régnait sur Fano, et son frère Malatesta Novello avait Cesena ; Montefeltre lui enlève la première de ces villes, et le Saint-Siège, à la mort de Novello, réclame la seconde. Il avait eu de sa maîtresse, la Vannetta dei Toschi, un fils, Robert, ne en 1440, le seul qui pût revendiquer son trône sur les enfants d'Isotta ; celui-ci n'attendait que sa mort pour se déclarer seigneur à l'exclusion des fils que Sigismond avait fait légitimer. Le pontife Paul II suivit la tradition du Vatican et se déclara l'ennemi du seigneur de Rimini. Comme ce dernier était revenu de Morée, affaibli par les fièvres et obligé d'y laisser ses troupes, par conséquent, dans l'impuissance de défendre sa seigneurie contre les efforts du duc d'Urbin, chaque jour lui enlevait une ville ou un château-fort. Le pontife lui envoya le prince de Camerino pour lui proposer de sortir de Rimini menacée et de régner sur un des états de l'église pendant qu'il confierait la défense de la ville à un légat pontifical qui y entrerait à la tête des troupes du Saint-Siège. A peine le message reçu, Sigismond monté à cheval ; il cache un poignard sous son pourpoint et déclare au Broglio (un de ses compagnons d'armes qui nous a laissé une chronique de son temps), qu'il a résolu de poignarder le Saint-Père. Sept jours durant, il chemine, grelottant la fièvre, sans repos, sans trêve, silencieux et farouche. Un envoyé du pontife le rencontre aux portes de Rome ; à première vue, il comprend son exaltation et avertit le Saint-Père. Le premier jour, celui-ci lui refuse l'audience ; le lendemain, comme pour lui faire honneur, il l'entoure des splendeurs d'un cortège pontifical, et Paul II le reçoit entouré de seize cardinaux. Malgré cette imposante assistance, sa main cherche encore son poignard sous sa robe ; mais bientôt, se sentant enfermé dans un cercle de fer par les capitaines de l'église qui surveillent ses moindres gestes, il éclate en sanglots, il écume, et se jette aux pieds du pontife en lui rappelant les jours où il menait à la victoire les troupes du Vatican.

Paul II lui laissa Rimini, mais de ces vastes états qui s'étendaient jusque près d'Ancône, il ne lui restait plus que cette seule ville ; tous ses châteaux de la plaine et de la montagne étaient aux mains de Montefeltre. Il était devenu pauvre et il lui était interdit de signer un contrat comme condottiere avec les princes d'Italie qui étaient en guerre avec l'église ; on lui servit une pension comme capitaine des troupes vaticanes. Venise, qui avait déjà pris Ravenne, convoitait sa dernière possession, et son propre fils, qui avait dû prendre du service auprès de Paul II, et qui commandait pour lui à Ponts-Corvo, n'attendait que le moment favorable pour trahir son père, le Saint-Siège, et régner, à sa place. Sigismond tomba malade à Rieti, où il reçut le médecin chargé, par le pontife de venir à son secours ; les fièvres qu'il avait contractées en Morée avaient pris un caractère pernicieux : il mourut à cinquante ans, tremblant pour Isotta, à laquelle il laissait le seul état qui constituait son domaine, afin de le transmettre à son fils Salluste.

Placée entre les embûches de Venise, celles du Saint-Siège, les menaces d'Urbin et les convoitises du fils de Sigismond né d'un autre lit, Isotta ne pouvait que succomber. Elle se sentait perdue et tremblait pour les siens. Le lendemain même de la mort de son mari, Robert Malatesta, qui ne la regardait que comme une marâtre, se présenta au pape et lui demanda l'autorisation de se mettre à la tête des troupes de l'église pour prendre Rimini et livrer la ville à Paul II. Le pape y consentit et l'autorisa même à y conduire ses compagnies ; vêtu en paysan il s'introduisit dans la forteresse et, une fois-là, il négocia avec Aragon, avec Milan, Florence et même avec Urbin, l'implacable ennemi de son père. Cela fait, il leva le masque, déclarant au pontife « qu'il devait trouver bon qu'il vécût et qu'il mourût dans l'enceinte de la cité où il était né et où reposaient les restes de son père et de ses aïeux. » Paul II forma une nouvelle armée, en donna le commandement à Alessandro Sforza, seigneur de Pesaro, et à Orsini, et on vit le fils de Sigismond, après une éclatante victoire remportée sur ces deux capitaines, forcer le Vatican à capituler. Le Saint-Siège, en pareil cas, n'avait pas deux politiques ; il donna l'investiture à Robert, fils de Sigismond, et celui-ci succéda à son père, de concert avec Isotta.

Une année après, on trouvait le corps de Salluste, l'héritier légitime de Sigismond, dans le puits d'une maison de Rimini, et, après un long récit du meurtre, dont naturellement on rendait responsable un innocent, Robert écrivait, au conseil des Dix de la république de Florence les lignes suivantes, où il se dénonce en se défendant d'un crime dont personne encore n'a songé à l'accuser :

« J'ai voulu faire part de ces événements à Vos Seigneuries, afin d'abord qu'elles fussent bien informées et pour qu'elles comprissent qu'elles ont perdu en Salluste Malatesta un vrai serviteur. Elles auront enfin les preuves de mon innocence et en pourront justifier contre tous ceux qui, bien, à tort, voudraient me rendre responsable du crime [7]. » Salluste avait vingt-quatre ans ; quelques moisi après succombait son frère Valerio, et Isotta, qui semblait encore-associée au pouvoir, mais qui n'était que la prisonnière de Robert, mourait à petit feu consumée par un poison lent qu'on lui avait versé.

Sixte IV avait succédé à Paul il ; il comprit que ce Robert était de même race que son père Sigismond et pouvait, à un moment donné devenir un appui solide pour le Vatican. Après avoir été vaincu par lui une seconde fois au bord du lac de Trasimène, il résolut de se l'attacher par des liens solides en lui donnant le titre de capitaine-général des troupes de l'église, avec une solde permanente et sans service. Une occasion formidable allait décider le Vatican à demander à Robert son secours effectif. En 1480, Alphonse, duc de Calabre fils aîné de Ferdinand d'Aragon, roi de Naples, vint mettre le siège devant Rome ; Sixte IV, pris d'une véritable épouvante, jeta un cri d'alarme et appela son nouveau condottiere à son secours.

Robert traversa l'Italie à marches forcées, il prit en passant Castel-Gandalfo, Albano et Castel-Savello ; le troisième jour, il marcha droit au duc de Calabre et l'attaqua dans son campement à Nettuno. Au moment où il allait commander l'attaque, il passa ses troupes en revue et remarqua parmi les plus jeunes capitaines de compagnies un cavalier à la fière tournure, qui portait une merveilleuse armure toute damasquinée d'or, tandis qu'on lisait sur son front les signes de l'audace et de la résolution. Il s'approcha de lui et demanda son nom : « Je suis Jacopo, fils du grand Piccinnino ! » répondit le jeune homme. « Eh bien, s'écria Malatesta, voici pour un fils une occasion de venger la mort de son père dans le sang d'Aragon ; » et il lui confia l'aile droite avec trois cents lances. A gauche, il appela les exilés de Naples, les *fuonisciti* ; il savait qu'il n'y a pas d'ennemis plus redoutables que ceux qu'animent les haines de la guerre civile. Quant à lui, il se réserva le centre et le commandement général. La victoire fut rapide ; Piccinnino fut chargé de poursuivre le duc de Calabre, qui ne dut son salut qu'à la vitesse de son cheval. Robert Malatesta, surnommé le Magnifique, entra triomphalement dans Rome qu'il venait de sauver ; un cardinal tenait la bride de son cheval le sacré collège tout entier marchait derrière lui ; il parcourut en vainqueur toute la cité et fut reçu par le souverain pontife au seuil du Vatican. Mais ces Malatesta étaient tous voués à des destins tragiques ; Rome retentissait encore des clameurs de la victoire, quand, tout à coup le bruit de la mort de son libérateur se répandit dans la cité. Robert était à l'agonie dans le palais du cardinal Nardini, son parent ; le saint père lui porta le viatique, mais il était trop tard, le vainqueur de Nettuno ne put le reconnaître ; la mort avait glacé ses lèvres et fermé ses yeux. Le fils de Sigismond disparaissait à l'âge de quarante ans, enseveli dans son triomphe.

Rome était atterrée, on parlait de poison, et les soupçons se portèrent sur le comte Girolamo Riario, neveu du pape, capitaine des troupes pontificales, qui avait vu d'un œil jaloux la victoire de Malatesta. Pendant le combat il avait essayé déjà de le compromettre et s'était tenu en arrière à la garde des étendards. Machiavel, Sanudo dans ses *Diarii*, et Jacopo du Volterra, se sont faits les échos de cette rumeur populaire, et Filippo Ugolini dans son *Histoire des ducs d'Urbin*, après avoir chargé la mémoire de Robert du meurtre d'Isotta et de celui de ses deux fils, conclut ainsi : « Ce fut une justice de Dieu que celui qui avait empoisonné les siens mourût aussi par le poison. » Sixte IV, en mémoire de la victoire, fit élever l'église Santa Maria della Pace et il voulut qu'on dressât dans les grottes vaticanes un bas-relief commémoratif représentant le capitaine-général de ses troupes, avec cette inscription : *Veni, vidi, vici.*

Robert laissait plusieurs enfants ; l'aîné, surnommé par les habitants de Rimini *Pandolfaccio*, fut l'Augustule de la race dont Sigismond avait été l'Auguste ; confirmé dans la seigneurie en mémoire des vertus militaires de son père, il devait vendre un jour son domaine aux Vénitiens, et il allait tomber si bas qu'il devait mendier de cour en cour après avoir perdu ses états par sa perfidie et sa duplicité. Toutes ces seigneuries des Marches et des Romagnes étaient destinées à revenir au Saint-Siège et devaient former « les Légations. » Une première fois, César Borgia envahit Rimini ; puis ce fut le tour d'Adrien IV, qui, en juin 1528, y installa son légat. Rimini, qui le croirait ? aimait ses seigneurs et ne se soumit qu'à la force ; mais ce grand mouvement de transformation allait s'accomplir : le « vicariat du Saint-Siège » n'était pas une simple formule de protocole, et la cour d'Urbin elle-même, si fidèle aux pontifes, ne devait pas échapper à son destin.

Malatesta du Verucchio, le grand ancêtre, avait reçu l'investiture vers la fin du XIIIe siècle ; dès 1280, il ajoutait à son nom : *dux senior et dominus Ariminensis*, et Pandolfaccio, le dernier seigneur, était déclaré déchu après deux cent cinquante années de pouvoir de la dynastie qu'il représentait.

On voit quelle place ont tenue dans l'histoire générale de l'Italie ces capitaines d'aventure, condottieri devenus souverains. Leur importance politique est en disproportion avec l'étendue de leur territoire ; ils se sont fait de la guerre une spécialité ; c'est par la guerre qu'ils ont vécu, c'est par elle que s'éteignit leur dynastie. On comprend que c'est une tâche utile et pleine d'enseignement que de se proposer de restituer dans sa vérité historique une de ces petites cours des bords de l'Adriatique, car s'il est incontestable que l'Italie a subi pendant deux siècles la suprématie intellectuelle de la Toscane, il faut cependant reconnaître que, dès les premiers jours de la rénovation, il n'y eut jamais ni monopole ni centralisation. Naples avec Aragon, Rome avec les grands papes du XVe siècle, Milan avec Sforza, Urbin avec Montefeltre, et Ferrare avec Este, tout comme Venise avec le sénat et le grand conseil, et cette petite ville de Rimini avec Sigismond Malatesta : tous eurent leur mouvement propre, leur initiative et leur part incontestable. Dès que la lumière se fait en Italie, elle se répand depuis le nord jusqu'au midi ; — vers 1500, la petite ville de Lecce fut une Athènes, — et il n'y a pas jusqu'aux troubles et aux cruelles dissensions qui ne profitent à la diffusion des connaissances nouvelles. Quand les *fuorusciti* sortent en masse des villes ensanglantées, les plus illustres d'entre eux, poètes errants, bardes attristés, philosophes et jurisconsultes compromis, soldats d'un jour fidèles à leur parti et trahis par la victoire, tous s'en vont de cour en cour, de cité en cité, recevant l'hospitalité partout où ils passent, et ils laissent en échange un sillon lumineux.

Ce sera la gloire de la plupart de ces capitaines d'avoir accueilli à leurs foyers, et les proscrits de l'Orient et les victimes des luttes intestines. Il est évident que, si on veut les peindre au vif, sous les riches brocarts de leurs pourpoints et sous leurs nobles armures, on trouvera des hommes encore abrupts, et les héros des *Trionfi* qui entrent vêtus à l'antique par les brèches des villes prises d'assaut, descendront de leur piédestal. Mais si la douce civilisation n'a pas encore assoupli ces caractères, quelle chaleur généreuse en eux et quel brûlant désir ! Ils ont des gestes antiques et des pensers d'autrefois ; on dirait, en lisant la correspondance de ces capitaines avec les premiers Médicis, que cette antiquité, dont la plupart se sont épris, va recommencer, et, par le fait, l'Italie, l'antique souveraine, va ressaisir le sceptre et la domination du monde au nom de la forme et de l'idée. Quand l'Europe sort à peine des ténèbres, ces farouches capitaines s'avancent tenant d'une main l'épée et de l'autre le vert laurier ; et on est tenté, en face de tant de chaleur et de tant d'enthousiasme, d'oublier leurs forfaits et leurs crimes. Quel que soit l'arrêt définitif de l'histoire, il est certain qu'il y a quelque chose de généreux et de fier dans cette race d'Atrides et qu'un souffle puissant les anime. L'un des plus illustres parmi ces condottieri, au plus beau siècle de l'histoire de l'Italie, a eu la pensée grandiose d'associer à l'immortalité de ses cendres les restes des savants, des poètes et des artistes qui avaient fait de sa cour un foyer de civilisation ; son trône s'est écroulé, sa dynastie est éteinte depuis plus de trois siècles, et cette immortalité que Sigismond Malatesta croyait leur dispenser en donnant un asile à leurs cendres dans son temple de Rimini, c'est, au contraire, le génie de ces « pensionnaires » qui va l'assurer à toute sa race.

Notes

1. La question de savoir où a eu lieu le meurtre, à Rimini, à Pesaro ou à San Arcangelo, a donné lieu à de vives polémiques en Italie. Mgr Marini, l'ancien préfet des archives du Vatican, tient pour San Arcangelo, et Luigi Tonini, le regretté bibliothécaire de la Gambalunghiana di Rimini, tenait pour Rimini. Nous avons étudié longuement la question et nous nous rallions aux conclusions de Tonini dans son travail : Memorie storiche intorno à Francesca da Rimini, 1870. La découverte de l'inscription de Pesaro constitue un document dont il faut tenir compte.

2. Il va sans dire que chacun des faits résumés en traits rapides dans ce portrait que nous traçons de Sigismond est prouvé par les documens. Le fait est extraordinaire de l'appel des Turcs en Italie, que je crois tout à fait nouveau, ressort d'une note secrète de la propre main d'Alessandro Sforza, qu'il transmet à son ambassadeur à Naples : cette note est aux archives d'état de Milan. Le fait de l'invention de la bombe par Sigismond est indéniable ; il est admis par Promis dans ses études sur Francesco di Giorgio : Traité d'architecture militaire, et Roberto Valturio, dans son de Re militari, que Léonard de Vinci a annoté, lui attribue l'invention en ces termes : « Inventum est quoque machinæ hujusce tuum, Sigismundo Pandulphe, qua pilæ œneœ tormentarii pulveris plenœ cum fungi aridi fomite urentis émittuntur. » (Liv. X, p. 267.)

3. C.CÆSAR.DICT.RVBIGONE.SVPERATO.CIVIU.BEL. COMMILITONES.SV0S.HIC.FORO.AR.ADLOCVT.

En 1560, sous le pouvoir des pontifes, on releva le piédestal renversé et on ajouta l'inscription suivante :

SVGGESTVM.HVNC.VETVSTATE.COLLAPSUM

COSS.ARIMIN.MENS.NOVEMBRIS.ET.DECEMBRIS.MDLX. RESTITUIT

4. Voir Clementini, le Berni, la chronique inédite de Nolfi

Nolfe, conservée à la bibliothèque de Fano. Voir Ugolini, Storia dei duchi d'Urbino ; et enfin le réquisitoire prononcé par le fiscal du Vatican au nom de Pie II, dans ses Commentaires.

5. Dizionario di erudizione storica ecclesiastica di san Pietro fino a nostri giorni ; Roma.

6. J'ai communiqué les textes photographiés aux hommes les plus compétens ; c'est l'avis de César Cantù, c'est celui de Milanesi, si expert en ces matières ; quant à M. Banchi, le préfet des archives de Sienne, c'est lui qui, le premier, a appelé mon attention sur ce fait, et sa conclusion est formelle.

7. Série I. — Dieci di Balìa (Archives d'état de Florence).

www.ingramcontent.com/pod-product-compliance
Lightning Source LLC
Chambersburg PA
CBHW050249230526
45470CB00005B/2186